Matilda Macintosh

Genialer Plan bei Einbruchalarm

Axel Täubert
illustriert von Jana Sommerfeld

Zwergenstark

Verlag: StudyHelp GmbH
Herausgeber: Zwergenstark
Matilda Macintosh - Genialer Plan bei Einbruchalarm
2. Auflage, 2024
ISBN: 978-3-98755-110-9
Druck und Bindung: mediaprint solutions GmbH
Alle Rechte vorbehalten

Manche Mädchen mögen Maschinen - Matilda zählt definitiv dazu.

Axel Täubert

1 – Erstkontakt mit Houston

Es ist ein lauer Sommerabend. Die Sonne linst ein letztes Mal über die Hügel, bevor sie dahinter verschwindet. Matilda und Byte kehren von ihrem gemeinsamen Spaziergang zurück. Als Matilda das Gartentor öffnet, rennt Byte voraus und schlüpft durch die Hundeklappe in der Haustür. Den braun-weiß-schwarz gefleckten Roboterhund hat Papa ihr zum neunten Geburtstag geschenkt.

Matilda zupft die Post aus dem Briefkasten und hüpft die Stufen hinauf.

Dann folgt sie Byte ins Haus – allerdings durch die normale Tür. Sie wirft die Post auf den Küchentisch und hopst in den Garten. Dort wartet Byte bereits unter der großen Kastanie auf sie.

Er will eine Runde Kopfrechnen spielen.

„Wie viel ist zwei plus eins?", fragt Matilda.

„Wuff, Wuff, Wuff", bellt Byte und bekommt dafür eine Batterie als Leckerli.

„Fein gemacht!", lobt Matilda ihren kleinen Roboterhund.

„Und was ist vier mal…", fängt Matilda an.

Doch plötzlich neigt Byte den Kopf zur Seite und spitzt die Ohren. So macht er immer, wenn er etwas wittert. Dann schnüffelt er mit der Nase in die Luft, als ob er etwas riechen könnte.

Dabei hat Matilda ihm das noch gar nicht einprogrammiert.

„Hörst du etwas?", fragt Matilda.

Byte bellt ein Mal, was bei ihm so viel wie 'Ja' bedeutet.

„Dann such!", ruft Matilda und ist gespannt, was Byte finden wird.

Der Roboterhund rennt wie wild los. Dabei surren seine Elektromotoren wie die Bienen im Blumenbeet.

Schließlich verharrt er mit erhobener Vorderpfote wie ein richtiger Spürhund vor dem hohen Lattenzaun. Dahinter beginnt das Nachbargrundstück. Auf dem steht das Haus, in das gestern eine neue Familie eingezogen ist. Ob sie auch einen Roboterhund haben, den Byte über Bluetooth gewittert hat? Ein leises Knurren ertönt aus dem Lautsprecher in seiner Schnauze.

Matilda ist neugierig und späht durch ein Astloch in eine Holzlatte auf Augenhöhe. Kein Roboterhund weit und breit. Dafür liegen allerhand Spielsachen im Garten verstreut. Eine Wasserrakete, ein Baseballschläger und ein Basketball. Da ist eindeutig eine Familie mit Kindern eingezogen. Plötzlich starrt ihr von der anderen Seite des Zaunes durch das Astloch ein Auge entgegen. Matilda schreckt zurück.

Dann nimmt sie all ihren Mut zusammen und fragt: „Wer ist da?"

„Hier ist Houston", antwortet eine Stimme.

Byte kläfft.

„Hier ist Matilda Macintosh. Erbitte Landeerlaubnis!", ruft sie.

„Äh, okay", entgegnet Houston.

Matilda schiebt ein loses Brett im Zaun beiseite und steckt ihren Kopf durch den Spalt. Auf der anderen Seite steht ein Junge in gelbem T-Shirt und blauen Shorts. In der Hand hält er einen Baseball. Matilda steckt erst einen Fuß durch den Spalt und dann den zweiten.

„Ein kleiner Schritt für ein Mädchen …", kommentiert sie ihre Bewegung, „… ein großer für die Nachbarschaft."

Falls Houston sich über sie wundert, lässt er sich nichts anmerken. Derweil springt Byte an seinem Bein hoch und wackelt dabei freudig mit seinem Antennen-Schwänzchen. Matilda hofft inständig, dass er ihn nicht vor lauter Aufregung mit Schmieröl besudelt.

Houston mustert Matilda wie eine Außerirdische. Beim Anblick ihres Rockes hält er inne.

„Ist das ein Schottenrock?", fragt Houston.

„Ein Kilt, um genau zu sein!", entgegnet Matilda.

„Tragen sowas sonst nicht nur Jungs?", will Houston wissen.

„Das denkt jeder! Genau deswegen habe ich einen an", antwortet Matilda.

Houston guckt verständnislos, als hätte er nur Bruchstücke eines Funkspruchs empfangen.

„Mädchen können nämlich alles, was Jungs können!", fügt sie hinzu und stemmt die Hände in die Hüften.

„Und um das zu beweisen, trägst du einen Rock?", wundert sich Houston.

„Genau!", antwortet Matilda, als sei es das Normalste der Welt.

Derweil versucht Houston, Byte von seinem Bein abzuschütteln.

„Sitz!", ruft Matilda vergeblich. Verflixt, den Befehl muss sie ihm unbedingt noch einprogrammieren.

„Der hört wohl nicht sonderlich gut", sagt Houston und lächelt dabei.

Gekonnt wirft er seinen Baseball über den Zaun in Richtung Kastanie.

So will er Byte wohl loswerden. Doch der bewegt sich nicht vom Fleck.

„Du musst Batterien werfen! Nach denen ist er ganz verrückt", sagt Matilda und macht es Houston vor.

Sie zückt eine Batterie und wirft sie auf ihr Grundstück.

Sofort flitzt Byte hinterher und verschwindet durch den Spalt im Zaun.

„Wohnst du da drüben mit deinen Eltern?", fragt Houston.

„Nein", antwortet Matilda.

„Wo denn dann?", will Houston wissen.

„Ich wohne schon dort, aber alleine", entgegnet Matilda.

"Du machst Witze!", ruft Houston. "Brauchst du denn gar keine Hilfe?"

„Nö. Mein Papa hat unser Haus so eingerichtet, dass es fast alles von alleine macht", erklärt Matilda.

„Und wo sind deine Eltern?", erkundigt sich Houston weiter.

"Mein Papa fliegt gerade zum Mars und meine Mama ist im Himmel. Also sind beide irgendwie im Himmel", antwortet Matilda.

„Echt jetzt?", staunt Houston.

„Willst du mal sehen?", fragt Matilda.

„Den Himmel?", wundert sich Houston.

„Nein, die Rakete!", ruft Matilda und verschwindet zwischen den Brettern des Zauns. „Komm, ich zeige sie dir!"

2 - Einbrecheralarm im Garten

Auf der anderen Seite des Zauns erwartet Byte sie bereits. Vor lauter Aufregung hat er ein kleines Akkuhäufchen am Fuße der Kastanie gemacht.
„Fein gemacht, Byte!", lobt Matilda ihn und sammelt die leeren Batterien zum Wiederaufladen ein.

„Wie willst du mir eigentlich die Rakete zeigen, wenn dein Vater schon damit losgeflogen ist?", fragt Houston.
Dabei schaut er sich im Garten um.
Außer einem verbrannten Stück Rasen sieht alles normal aus.

"Damit!", ruft Matilda und zeigt auf eine runde Kuppel auf dem Flachdach des Hauses. "Da drin ist ein riesiges Teleskop."
„Ein was?", fragt Houston nach.
„Na, ein Fernrohr eben", antwortet Matilda.
Houston ist wohl kein Hobby-Astronom wie sie. Darum erklärt sie es ihm: „Mit dem Teleskop kann man Sterne und Planeten beobachten. Und mit ein bisschen Übung auch Raumstationen und Raumschiffe."
„Cool", ruft Houston. „Willst du Astronautin werden, wenn du groß bist?"
„Nicht wirklich", erwidert Matilda und hüpft auf einem Bein über die Terrassenfliesen ins Haus. „Ich werde Programmiererin. Das ist viel spannender."
„Wenn du meinst", sagt Houston und folgt ihr in die Küche. Dabei wirft er seinen Baseball immer wieder in die Luft und fängt ihn mit derselben Hand. Manchmal sogar hinter dem Rücken.

„Jetzt brauchen wir erst einmal Proviant", ruft Matilda und füllt eine Karaffe mit Eistee. Der schmeckt immer so lecker nach Sommerregen mit Pfefferminz. „Kannst du Eiswürfel in die Gläser füllen?", bittet sie Houston. „Einfach in die Öffnung in der Kühlschranktür halten."

Houston staunt nicht schlecht, als automatisch Eiswürfel in das Glas hineinpurzeln. In der Zwischenzeit holt Matilda grüne Äpfel und eine Tüte Lakritze aus der Speisekammer. Ihre Lieblingskombination zum Fernrohrschauen.

So bepackt, öffnet Matilda eine Luke im Fußboden, von der eine Treppe in den dunklen Keller führt.

„Nach dir!", sagt sie zu Houston.

Da ist Byte längst die Stufen hinuntergesaust.

Seine Plastikpfoten klappern dabei fast so schnell wie umfallende Dominosteine.

„Müssen wir nicht eher die Treppe rauf?", wundert sich Houston.

„Du meinst aufs Dach?", entgegnet Matilda und schüttelt den Kopf. „Viel zu gefährlich. Wir könnten herunterfallen oder noch schlimmer, aus Versehen das Teleskop beschädigen."

Von ihrer Höhenangst erzählt sie ihm lieber nichts. Zögerlich setzt Houston einen Fuß vor den anderen, als steige er die Leiter einer Mondlandefähre hinab. Dicht gefolgt von Matilda.

„Licht an!", ruft sie und wie von Geisterhand erstrahlt der Kellerraum in grellem Licht.

„Hallo, Matilda", begrüßt sie eine freundliche Frauenstimme. Doch die dazugehörige Frau ist nirgendwo zu sehen.

„Wen hast du denn da mitgebracht?", fragt die Stimme.

„Das ist Houston, unser neuer Nachbar", antwortet Matilda.

„Hallo, Houston", begrüßt ihn die Stimme, die von überall und nirgends zu kommen scheint. „Ich richte dir ein Gastprofil ein."

„Sagtest du nicht, du wohnst allein hier?", wundert sich Houston.

„Tue ich auch!", erwidert Matilda.

„Und wessen Stimme ist das dann? Und was ist überhaupt ein Gastprofil?", will Houston wissen.

In Houstons Gesicht kann Matilda seine Verwirrung deutlich erkennen.

„Das ist die Stimme von Mami", entgegnet Matilda.

Houston schnappt nach Luft, als habe er einen Geist gehört.

"Ich dachte, deine Mutter sei im Himmel."

"Natürlich, deswegen passt Mami auf mich auf. Mami steht für Maschinelle Assistentin Mit Intelligenz. Mit dem Gastprofil darfst du auch ein paar Dinge, wie das Licht oder die Musiklautstärke im Haus ändern", erklärt Matilda.

Ganz scheint Houston das nicht zu überzeugen. Sprechende Häuser sind ihm wohl nicht geheuer.

Matilda geht zum Schreibtisch, auf dem ein großer Bildschirm steht. Sie schaltet den Computer ein und startet mit einem Klick das Programm zur Steuerung des Teleskops.

„Jetzt müssen wir nur noch warten, bis es dunkel wird", sagt Matilda.

„Da muss ich längst daheim sein", erwidert Houston. „Meine Eltern sagen immer, ich soll nach Hause kommen, wenn die Straßenlaternen angehen."
„Kein Problem", sagt Matilda und klimpert auf der Tastatur des Computers wie eine Pianistin auf dem Klavier.
„Ich programmiere die Laternen einfach um, sodass sie erst später angehen."

Sowas kannst du?", staunt Houston.

„Kinderspiel!", entgegnet Matilda. „Dafür muss ich mich nur kurz bei den Stadtwerken einklinken. Gib mir ungefähr vier Minuten und dreiundzwanzigeinhalb Sekunden."

Die Zeit nutzt Houston, um sich im Labor umzuschauen. Die Regale sind vollgestellt mit Geräten und Maschinen. Viele davon sind mit kleinen gelben Zetteln beschriftet. Auf einem silbernen Kasten, der ein bisschen aussieht wie ein Handtuchspender, steht in Großbuchstaben F.R.I.D.A..

„Haben hier eigentlich alle Maschinen Namen?", fragt Houston.

„Natürlich!", ruft Matilda. „Wieso denn nicht?"

„Und was macht dieser Kasten?", fragt Houston. „Also, ich meine Frida."

„Frida steht für Fotorealistische Illustrationen durch Ansage", erklärt Matilda, als sei damit alles gesagt.

„Äh... und das bedeutet?", will Houston wissen.

„Ganz einfach! Frida malt alles, was man ihr sagt."

„Du machst wohl Witze!", platzt es aus Houston heraus.

„Frida!", ruft Matilda. „Male eine Astronautin, die auf einem Roboterpferd über den Mars reitet!"

Einen Moment lang rattert und rüttelt es. Dann spuckt F.R.I.D.A. aus einem Schlitz das gewünschte Bild aus.

„Ist ja irre!", sagt Houston und beäugt den Malkasten von allen Seiten, als verstecke sich vielleicht ein winziger Mensch mit Buntstiften darin. Doch dafür ist F.R.I.D.A. viel zu klein.

„Jetzt du!", fordert Matilda ihn auf. Doch bevor Houston sich von F.R.I.D.A. ein Bild wünschen kann, erklingt plötzlich eine laute Sirene. Houston hält sich vor Schreck die Ohren zu. Gleichzeitig kläfft Byte aufgeregt SOS im Morsecode.

„Was ist denn jetzt passiert?", ruft Houston über den Lärm hinweg.

Matilda klickt hektisch auf der Computermaus herum, bis der Alarm endlich leiser wird.

„Das ist der Einbrecheralarm!", sagt sie und ruft Bilder der kleinen Kameras auf, die ihr Papa überall im und am Haus angebracht hat.

Auf dem Bildschirm erscheint die Küche mit dem großen Kühlschrank und dem schwarz-weiß gefliesten Fußboden. Nichts zu sehen. Matilda schaltet zur nächsten Kamera, die die Garage mit ihrem grauen Elektroauto aufzeichnet. Auch dort ist nichts Ungewöhnliches zu erkennen. Dann die Kamera neben der Eingangstür mit Bytes Hundeklappe und als Letztes die Kamera im Garten, auf der die große Kastanie zu sehen ist. Houston lehnt sich über Matildas Schulter und schaut auf den Monitor.

„Dort!", ruft er und zeigt auf das Bild vom Garten. „Da klettern zwei Männer von der Straße aus über den Zaun!"

Tatsache! Das hätte Matilda glatt übersehen. Auf dem Video beobachten die beiden einen großen gertenschlanken Ganoven, der einem kleinen kugelrunden Kerl über den Zaun hilft.

„Na warte!", sagt Matilda und greift zu einer Fernbedienung im Regal.

„Dem langen Lulatsch und der pummeligen Pampelmuse jage ich Donatello auf den Hals!"

„Wer oder was ist Donatello?", will Houston wissen.

„Unser Mähroboter", antwortet Matilda. „Den habe ich mit Papa so angemalt, dass er aussieht wie eine Schildkröte."

Matilda vergrößert das Video des Gartens, bis es den gesamten Bildschirm ausfüllt.

In der oberen linken Ecke ist das Gartenhäuschen zu sehen. An dessen Seitenwand öffnet sich eine Klappe und Donatello rollt gemächlich auf den Rasen. Wirklich gefährlich sieht er nicht aus. Eher wie eine umgedrehte Salatschüssel.

„Vielleicht hättet ihr ihn besser angemalt wie eine Schnecke, so langsam wie der ist", sagt Houston skeptisch. „Glaubst du wirklich, dass wir damit die Einbrecher verjagen können?"

„Abwarten!", ruft Matilda. „Im Normalmodus fährt er extra langsam, damit sich die Insekten rechtzeitig vor ihm in Sicherheit bringen können."

Dann drückt sie die lila Taste auf der Fernbedienung. Schlagartig beschleunigt Donatello wie ein Rennauto und hält genau auf die beiden Männer zu. Die Einbrecher reißen vor Schreck die Augen so weit auf, dass es selbst auf dem Bildschirm zu erkennen ist. So schnell sie ihre Beine tragen, flüchten sie und springen den Zaun wieder hinauf. Pampelmuse schafft es nur mit viel Mühe hinüber und reißt sich dabei den Hosenboden auf. Dann sind die beiden Eindringlinge verschwunden.

„Hurra!", jubelt Matilda. „Die sind wir los!"

„Hoffentlich", sagt Houston.

3 – Aufruf zum Malwettbewerb

Vorsichtig hebt Matilda die Falltür an. Dann spähen sie und Houston durch den Spalt zwischen Falltür und Küchenboden. Draußen hat inzwischen die Dämmerung eingesetzt. Doch dank Matildas kleinen Tricks sind die Laternen in ihrer Straße noch nicht angegangen.

Byte schlüpft als Erster hinaus und saust in den Garten. Seinem fröhlichen Bellen nach, scheint die Luft rein zu sein. Trotzdem folgen Matilda und Houston ihm zunächst vorsichtig. Da kommt Byte mit einem gefalteten Papier zwischen den Zähnen zurückgeflitzt. Vor lauter Stolz macht er ein besonders großes Akkuhäufchen.

„Fein gemacht, Byte!", lobt ihn Matilda und nimmt ihm das Papier aus dem Maul. Zur Belohnung gibt sie ihm eine extra dicke Batterie als Leckerli.

„Was steht drauf?", fragt Houston neugierig.

Matilda entfaltet das Papier und liest die krakelige Handschrift vor: »Macintosh ist nicht zu Hause. Malmaschine befindet sich im Geheimlabor. Bringt sie mir bis spätestens morgen früh! Gezeichnet K.I.«

„Der Zettel muss Pampelmuse aus der Hosentasche gefallen sein", sagt Houston. „Anscheinend sollten die beiden Einbrecher Frida für diesen K Punkt I Punkt stehlen."

„Keine Ahnung, wer das ist", wundert sich Matilda.

„Warum er wohl Frida so dringend haben will?", fragt Houston.

„Wieso er?", will Matilda wissen. „Mädchen können auch Bösewichte sein."

„Äh, klar", entgegnet Houston.

„Vielleicht ist K Punkt I Punkt auch gar keine Person, sondern eine Maschine", überlegt Matilda. „Könnte doch sein."

„Welche Maschine kann schon sprechen, geschweige denn schreiben?", zweifelt Houston Matildas Vermutung an.

Da erklingt unvermittelt die Stimme von M.A.M.I.:

„Sie haben eine neue Sprachnachricht von: Maximilian Macintosh."

„Das hat mich aber ganz schön erschreckt!", ruft Houston. „Kann eure Haussteuerung nicht einfach nur piepen?"

„Nachricht abspielen!", ruft Matilda.

„Piep!", sagt die Haussteuerung.

Dann wird die Nachricht abgespielt: „Hallo, mein Liebes! Ich hoffe, es geht dir gut! Sämtliche Systeme meiner Rakete funktionieren einwandfrei. Bis auf den Essensspender, der macht seit ein paar Tagen nur noch Linseneintopf mit Rosenkohl. Hast du das Flugblatt für den Malwettbewerb gesehen? Vielleicht hast du Lust mitzumachen. Liebe Grüße, Papa."

„Linseneintopf mit Rosenkohl?", murmelt Houston, „Bäh!"

„Das ist mein Lieblingsessen", entgegnet Matilda. „Deins etwa nicht?"

Houston schüttelt angewidert den Kopf.

Doch Matilda hat etwas anderes in Papas Nachricht aufhorchen lassen.

Ihr Blick fällt auf den Stapel Post, den sie vorhin ungelesen auf den Küchentisch geworfen hat. Ihr Briefkasten hat sowieso schon alle Briefe gelesen und per Sprachnachricht an Papa geschickt. Ganz obenauf liegt ein oranger Zettel mit folgendem Aufdruck: Großer Malwettbewerb mit tollen Preisen! Jede Art von Farbe und Technik erlaubt. Der Gewinner bekommt Luigis Limetteneis lebenslänglich.

Matilda nimmt das Flugblatt und reicht es Houston: „Jetzt wissen wir, warum die Kerle Frida stehlen sollten."

Houstons Augen werden mit jeder gelesenen Zeile größer, als saugten sie sich mit den Buchstaben voll.

„Das ist ja schon morgen!", ruft er aufgeregt.

„Deswegen versuchen die Einbrecher es bestimmt heute noch einmal", entgegnet Matilda. „Darauf müssen wir vorbereitet sein!"

„Sollten wir nicht lieber die Polizei rufen?", fragt Houston.

„Normalerweise schon", erwidert Matilda. „Aber wer weiß, was passiert, wenn sie merken, dass ich hier ganz allein wohne."

„Du hast recht", stimmt Houston zu. „Aber wie wollen wir die Einbrecher denn verjagen?"

Matilda überlegt. Die Sache mit Donatello würde wohl kein zweites Mal funktionieren. Besonders, wenn die Einbrecher es beim nächsten Mal nicht über den Gartenzaun versuchen würden.

„Wir können Mami fragen!", schlägt Matilda vor.

„Na dann los!", entgegnet Houston.

Matilda bittet M.A.M.I. um einen Rat. Diesmal dauert es einige Sekunden bis ihre Stimme ertönt: „Wenn andere dich unterschätzen, kann das ein Vorteil sein. Bist du anderen einen Schritt voraus, gelingt dir die große Überraschung."

„Das ist es!", ruft Matilda und springt vor Freude. In ihrem Kopf beginnt sich ein Plan zu formen. Am besten sie malt ihn auf, um ihn Houston und Byte zu erklären. Denn die beiden würden ihr helfen müssen, damit er funktioniert.

4 – Matildas genialer Plan

Matilda steht mit einem Zeigestock in der Hand an der Tafel im Labor und erklärt ihren Plan. Sie hat sich ihren weißen Laborkittel übergezogen, unter dem ihr blau-roter Kilt ein Stück herausschaut. Auf die Tafel hat sie eine Karte des Gartens und des Hauses gezeichnet. Um die Position von Houston, Byte und sich selbst auf der Karte zu markieren, hat sie unterschiedlich farbige Magneten bereitgelegt.

„Als Erstes verbinden wir die Bewegungssensoren der Gartenlampen mit dem Rasensprenger", beginnt Matilda und zeigt dabei mit dem Zeigestock auf den Vorgarten. „So wird garantiert jeder nass, der das Grundstück betritt."

„Ob so ein bisschen Wasser die Kerle vertreibt?", fragt Houston skeptisch.

Byte bellt zweimal, was bei ihm ‚Nein' bedeutet.

„Das ist nur der Anfang", antwortet Matilda. „Dann sind sie schon einmal nass, wenn sie ins Haus kommen."

„Sollten wir nicht lieber versuchen, dass die Einbrecher es erst gar nicht hineinschaffen?", fragt Houston weiter.

„Im Gegenteil!", widerspricht Matilda und platziert einen braunen, einen weißen und einen schwarzen Magneten im Vorgarten. „Byte wartet hier auf die Kerle und lockt sie durch seine Hundeklappe in der Haustür."

Byte winselt ein wenig, als er diesen Teil des Plans hört.

„Keine Sorge, Byte", beruhigt ihn Matilda. „Zumindest Pampelmuse passt da auf keinen Fall durch."

„Was passiert dann?", will Houston wissen.

„Ich schalte von hier aus die Klimaanlage auf volle Power", erklärt Matilda und platziert im Labor einen roten Magneten, auf den sie mit blauem Filzstift ein Schottenkaro gemalt hat. „So kühlen wir das gesamte Haus herunter."

„Verstehe!", ruft Houston. „Dann frieren die Kerle ganz besonders, weil sie nass sind."

„Genau! Zusätzlich programmiere ich den Kühlschrank so, dass er nicht aufhört, Eiswürfel auszuspucken", fährt Matilda fort.

„Um es noch kälter zu machen?", fragt Houston.

„Nein, damit sie darauf ausrutschen", antwortet Matilda.

„Klasse!", sagt Houston und Byte bellt einmal. „Und was mache ich die ganze Zeit?"

„Du ziehst mein Roboterkostüm von Halloween an und versteckst dich hier in der Speisekammer", erklärt Matilda.

Dabei klebt sie einen gelben Magneten in den kleinen Raum neben der Küche.

„Moment mal!", ruft Houston. „Du verschanzt dich im Keller, während Byte und ich da oben mit den Verbrechern sind?"

Byte bellt vier mal, was wohl ‚Doppelnein' bedeutet. Matilda hatte geahnt, dass dieser Teil ihres Plans für Fragen sorgen würde.

„Du musst die Einbrecher nur in den Garten jagen", erklärt sie. „Außerdem ist das kein normales Kostüm. Mein Vater hat es gebaut und mit allerhand nützlichen Zusatzfunktionen ausgestattet."

„Und was passiert, wenn die Kerle im Garten sind?", fragt Houston.

„Willst du wieder Donatello auf sie hetzen?"

„Nein", entgegnet Matilda, „dort wartet diesmal eine ganz besondere Überraschung auf sie."

Matilda hofft, dass auch dieser Teil des Plans funktionieren wird. Doch jetzt müssen sie sich beeilen, denn es gibt jede Menge zu tun.

Die drei bereiten alles vor und proben den Ablauf immer und immer wieder. Byte macht zunächst mehrere Male Sitz, statt durch die Hundeklappe zu laufen. Erst nachdem Matilda ihn neu programmiert hat, funktioniert es so gut wie immer. Das Verbinden der Bewegungssensoren mit dem Rasensprenger ist auch schwieriger als erwartet. Als es endlich gelingt, nehmen diese andauernd Matilda ins Visier. Klitschnass zieht sie sich einen neuen Schottenrock an, während sich Houston mit dem Roboterkostüm vertraut macht. Anfangs erschrickt er noch vor seiner eigenen Stimme, die sich darin ganz blechern anhört. Aber das Kostüm hat ein paar wirklich nützliche Tricks auf Lager. Matilda schlägt sich lange mit der fremdartigen Programmiersprache des Kühlschranks herum, die ein bisschen wie Isländisch klingt. Als sie endlich so weit sind, beginnt das Warten. Doch es dauert nicht lange, bis die Bewegungsmelder im Vorgarten anspringen. Scheinbar hat jemand das Gartentor geöffnet, ohne vorher zu klingeln.

Es geht los!

5 – Angriff der Einbrecher

Vom Labor aus beobachtet Matilda, wie Lulatsch und Pampelmuse in den Vorgarten schleichen. Oben rechts auf dem Bildschirm leuchtet ein kleiner roter Punkt. Die Überwachungskameras zeichnen also alles auf, was draußen vor sich geht. Mit ein paar Klicks bestellt Matilda die Überraschung in den Garten. Dabei steckt sie ihre Zunge in die Zahnlücke zwischen ihren Schneidezähnen. Das macht sie immer, wenn sie aufgeregt ist. Wenn alles glatt läuft, dann würden Lulatsch und Pampelmuse hier bald im hohen Bogen rausfliegen. Aber vorher muss der Anfang ihres Plans funktionieren.

Wie geplant springt der Rasensprenger an und erwischt die Einbrecher. Lulatsch flucht wie ein Rohrspatz und Pampelmuse schüttelt sich wie ein begossener Pudel. Teil Eins ihres Plans ist aufgegangen! Matilda freut sich wie Papa damals über ihre ersten Worte in Programmiersprache. Trotzdem lassen sich die beiden Einbrecher nicht vertreiben, sondern treten die Flucht nach vorn an. An der Haustür wartet Byte auf sie und kläfft. Matilda hofft inständig, dass er sich an seinen Teil des Plans erinnert. Doch es passiert etwas, mit dem sie nicht gerechnet hat.

„Ruhe!", zischt Pampelmuse und dann ruft Lulatsch: „Sitz!"

Wie in Schockstarre verharrt Byte auf der Fußmatte. Matilda glaubt, sein kleines Computergehirn bis ins Labor rattern zu hören. Sie hält die Luft an und platzt beinahe. Ihr Gesicht wird fast so rot wie ihre Haare, bis Byte schließlich doch losflitzt. Matilda atmet erleichtert auf.

Wie gut, dass Byte nie Sitz macht, wenn man es ihm sagt!

Die beiden Einbrecher rennen hinterher und versuchen, ihn zu schnappen.

In letzter Sekunde schlüpft Byte durch seine Hundeklappe ins Haus. Lulatsch krabbelt auf allen vieren hinterher und schafft es tatsächlich hindurch. Pampelmuse hingegen bleibt stecken und kommt weder vor noch zurück.

„Mist!", ruft er und klingt dabei gequetscht wie in einer Saftpresse.

Doch dabei ergeht es ihm fast besser als seinem Komplizen. Denn als Lulatsch sich aufrichtet, rutscht er sofort auf den Eiswürfeln aus.

Für einen Moment liegt er flach in der Luft, als könne er schweben. Dann kracht er so fest mit dem Rücken auf den Küchenboden, dass Matilda einen dumpfen Schlag über sich hört. Beim zweiten Versuch entgleiten ihm die Füße zu beiden Seiten. Lulatsch landet mit gespreizten Beinen vor der Hundeklappe, aus dem der Kopf von Pampelmuse hervorguckt.

„Wow! Du kannst Spagat", sagt der beeindruckt.

Lulatschs lautstarkes Lamentieren ist nicht nur über die Kamera, sondern auch deutlich durch die Falltür zu hören. Jammernd setzt er sich auf und beginnt fürchterlich zu zittern. Ob er vor Kälte schlottert oder aus Angst, ist für Matilda schwer zu erkennen.

So oder so ist es Zeit für den nächsten Teil des Plans: Houstons großer Auftritt. Matilda ist sich sicher, dass der seine gewünschte Wirkung erzielt.

»Mami!«, ruft Matilda. „Schalte das Licht in der Speisekammer dreimal an und wieder aus!"

„Gerne, Matilda", antwortet die Sprachassistentin.

Das ist das vereinbarte Signal für Houston, der wenig später die Tür der Speisekammer öffnet.
„Achtung, Achtung!", ruft er durch die Maske des Kostüms und klingt dabei wie ein echter Roboter. „Hier spricht AVA, die Automatische Verbrecher Abwehr dieses Hauses."
Ein gelbes Licht auf Houstons Helm blinkt und eine Sirene ertönt.

Dabei bewegt er seine angewinkelten Arme und durchgestreckten Beine so abgehackt und unrund, als seien seine Scharniere eingerostet. Sogar Matilda vergisst für einen Moment, dass Houston in dem Kostüm steckt.

„Widerstand ist zwecklos!", ruft Houston und bewirft abwechselnd Lulatsch und Pampelmuse mit Eiern aus der Speisekammer. Jeder seiner Würfe ist ein Volltreffer.

Als Nächstes bläst er mit dem von Matilda umgepolten Handstaubsauger Mehl auf die beiden, sodass sie aussehen wie panierte Schnitzel. Das gibt Lulatsch den Rest. Auf Händen und Füßen schlittert er Richtung Terrassentür. Pampelmuse flutscht dank des Eidotters aus der Hundeklappe und ploppt plötzlich wie ein Korken in die Küche.

Mehr rollend als kriechend folgt er Lulatsch nach draußen. Houston zündet den Raketenrucksack des Roboterkostüms und fliegt über die Pfütze aus Schmelzwasser, Eiswürfeln und Mehl. Fast sieht es aus, als flöge er über die Antarktis. Als die beiden Kerle es über die Terrasse in den Garten geschafft haben, landet Houston direkt vor den beiden und versperrt ihnen den Weg. Von hinten hält Byte sie kläffend in Schach, während Matilda den letzten Teil des Plans aktiviert. Doch eine gefühlte Ewigkeit passiert - nichts.

„Jetzt wäre der richtige Zeitpunkt für deine Überraschung!", funkt Houston nervös ins Labor.

Da erscheint ein gleißendes Licht am Nachthimmel und senkt sich mit einem ohrenbetäubenden Dröhnen auf die Einbrecher herab. Zwei Greifarme packen Lulatsch und Pampelmuse am Kragen. Erst jetzt wird Houston klar, dass Matilda eine Lieferdrohne bestellt haben muss. Die Motoren schreien auf, als sie mit den beiden Verbrechern im Schlepptau abhebt. Im hohen Bogen und mit leichter Schlagseite düst die Drohne davon. Matilda gibt die nächste Polizeiwache als Ziel ein und schickt sämtliche Videoaufnahmen hinterher. Diese sollten als Beweis genügen, um die Verbrecher hinter Schloss und Riegel zu bringen.

Byte ist außer Rand und Band und rennt wie wild im Kreis. Dabei bellt er besonders laut und markiert sein Revier hier und da mit kleinen Akkuhäufchen. Matilda kommt jubelnd aus dem Haus gelaufen und klatscht mit Houston ab.
„Unser Plan ist aufgegangen!", ruft Matilda. „Du warst super Houston!"
„Gar nicht so übel, ein Roboter zu sein", sagt Houston.
„Und gar nicht so übel, menschliche Verstärkung zu haben", ergänzt Matilda.
Dann gehen schließlich die Straßenlaternen an.
„Jetzt muss ich aber wirklich nach Hause", sagt Houston, windet sich aus dem Robotorkostüm und verabschiedet sich.
„Gute Nacht", sagt Matilda, „Bis morgen?"
„Bis morgen!", antwortet Houston und schlüpft durch den Spalt im Zaun.
Matilda steigt ins Labor hinab und richtet das Teleskop auf die Polizeiwache, wo Lulatsch und Pampelmuse gerade vom Flugtaxi abgesetzt werden. Dann peilt sie die Rakete ihres Vaters an, der just in diesem Moment aus dem Bullauge schaut.

Zuletzt bittet Matilda die Malmaschine um ein Bild ihres neuen Freundes: „Male Houston im Roboterkostüm, wie er über die Antarktis fliegt."

Während F.R.I.D.A. das Bild ausdruckt, fällt Matildas Blick abermals auf den Zettel aus Pampelmuses Hosentasche. Wer oder was wohl dieser K Punkt I Punkt ist? Matilda befürchtet, dass dies nicht das letzte Abenteuer gewesen ist, das sie wegen des geheimnisvollen Absenders erleben werden.
Doch das muss bis morgen warten, denn jetzt ist sie hundemüde und geht zu Bett.

Auf dem Bettvorleger liegt Byte und schnappt im Schlaf mit seinem Maul in die Luft. Wahrscheinlich träumt er von fetten 9-Volt-Blocks und leckeren Knopfzellen.

Matilda hängt das Bild von ihrem neuen Freund Houston an die Pinnwand über ihrem Bett. Vielleicht tritt sie morgen damit beim Malwettbewerb an.

„Licht aus!", ruft Matilda und schließt die Augen.
„Schlaf gut, Matilda", sagt die Stimme der Haussteuerung und singt anschließend Matildas liebstes Einschlaflied.
„Gute Nacht, Mami", flüstert Matilda und träumt von lebenslang Limetteneis.

Danksagung

Dieses Buch hätte nicht ohne die Ideen und Unterstützung
folgender Personen entstehen können:
Doris Arend
Sandra Bräutigam
Frank Griesheimer
Katrin Faludi
Simon Kümmling
Verena Linde
Daniel Weiner

Ein besonderer Dank gilt Benjamin Jäger & Magnus Wentland
von Zwergenstark sowie meiner Agentin Bettina Breitling.

Über den Autor

Axel Täubert ist Rapper im Ruhestand und war schon Gamer, als Spiele noch auf Diskette liefen. Er arbeitet als Manager in einem internationalen Technologiekonzern. Zusätzlich zu seinem Studium am ESB hat er ein Online-Studium zum Thema Künstliche Intelligenz am MIT absolviert. Nebenher ist er Autor von Kinderbüchern und lebt mit seiner Frau und seinen zwei Söhnen in München.

Über die Illustratorin

Jana Sommerfeld ist eine Illustratorin und Autorin aus Berlin. Ihr Studium hat sie als Kommunikationsdesignerin an der HTW Berlin absolviert und arbeitet als Freiberuflerin. Neben ihrer Leidenschaft für Kinderbücher verbringt sie die Zeit mit ihrer kleinen Familie mit Ausflügen an der Spree und in den grünen Wäldern Brandenburgs.

Zwergenstark

Eine Welt voller Geschichten

Wir gestalten eine lesenswerte Zukunft für Kinder!

www.zwergenstark.de